NATIONAL GEOGRAPHIC

Peldaños

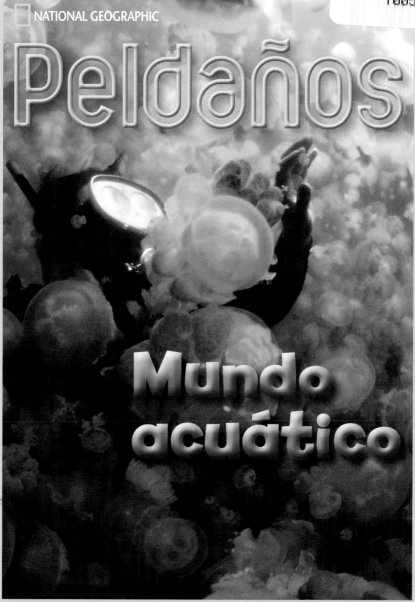

Mundo acuático

Criaturas de las PROFUNDIDADES

por Trudie O'Brien

Cada animal marino tiene su lugar en el majestuoso y acuoso océano. Pero la ballena y el pulpo son particularmente interesantes. Las colas, los espiráculos, las aletas de la cola y la migración en manadas hacen que sea fascinante estudiar a las ballenas de cualquier **especie.** Los pulpos son un espectáculo con ocho brazos, ventosas, chorros de tinta y técnicas de camuflaje.

Las especies de ambas criaturas varían en tamaño. La ballena azul, sin embargo, es el animal más grande del planeta.

Los pulpos varían de muy pequeños a muy grandes. Una especie puede caber en una mano humana. Otra especie es más grande que un humano adulto. Las ballenas y los pulpos viven en medio ambientes similares del océano, pero se diferencian en muchos aspectos. Tienen diferente expectativa de vida. Tienen diferencias en cuanto al aspecto y la conducta. ¡Sumérgete en el agua y observa a estas dos sorprendentes criaturas en primer plano!

Esta ballena jorobada nada cerca de la superficie del océano.

Los pulpos, como este pulpo gigante del Pacífico, son moluscos. Un molusco es un animal de cuerpo blando sin esqueleto interno.

Gigantes del océano

Las ballenas emigran por estaciones de una parte del océano a otra. Viajan en grupo, o manada, con un ballenato o con varias ballenas adultas y ballenatos. Los científicos intentan seguir a las ballenas en sus migraciones **marinas,** pues esta es su mejor oportunidad de aprender sobre cada especie. ¿Cómo saben las ballenas el camino a sus aguas de apareamiento y alimentación anuales? ¿Qué destrezas tienen los ballenatos? ¿Cómo ayudan los padres a sus crías? Los científicos intentan hallar respuestas a estas preguntas. Los científicos siguen a las ballenas para aprender sobre su ciclo de vida en estado natural.

Las ballenas jorobadas de la misma área producen los mismos sonidos, similares a una canción, en una estación del año. Las canciones cambian de estación en estación.

ballena azul

Las ballenas azules tienen un cuerpo aerodinámico con una parte delantera ancha y plana.

Todas las ballenas se comunican mediante sonidos. Las ballenas son una de las especies animales más ruidosas del planeta. Los seres humanos no solemos oír sus ruidos subacuáticos. Las ballenas jorobadas producen sonidos musicales similares a canciones. Sus canciones son comunicaciones, pero los científicos no han descifrado sus mensajes por completo.

Los científicos también trabajan para asegurarse de que ciertas especies de ballenas permanezcan vivas mucho tiempo. Las ballenas azules y las ballenas jorobadas son dos especies de ballenas en peligro de extinción. Su población ha disminuido, pero con ayuda y optimismo estas especies pueden aumentar su número.

Tamaño de las ballenas

ballena azul

Longitud: de 25 a 32 metros (de 85 a 105 pies)
Peso: hasta 181 toneladas métricas (200 toneladas)

ballena jorobada

Longitud: de 14.6 a 19 metros (de 48 a 62.5 pies)
Peso: aproximadamente 36 toneladas métricas (40 toneladas)

ballena gris

Longitud: de 12.2 a 15.3 metros (de 40 a 50 pies)
Peso: de 14.5 a 36 toneladas métricas (de 30 a 40 toneladas)

autobús

Longitud: aproximadamente 11 metros (36 pies)
Peso: 9.75 toneladas métricas (10.75 toneladas)

1 tonelada métrica = 2,204.6 libras
1 tonelada estándar = 2,000 libras

ballena jorobada

ballena gris

Las ballenas grises están cubiertas de percebes y otros organismos.

El mamífero del océano

¿Cómo puede vivir en el océano un **mamífero** que respira aire? Una ballena es un mamífero que respira aire a través de uno o dos espiráculos ubicados en la parte superior de su cabeza. Sobre el agua, la ballena realiza una enorme inspiración, cierra el espiráculo y luego se sumerge. Aguanta la respiración bajo el agua, y nada y se alimenta durante alrededor de 10 a 15 minutos. Cuando sale a la superficie en busca de aire, abre su espiráculo y exhala. El aire que expulsa puede disparar agua hasta 9.1 metros (30 pies) de altura. Las ballenas pueden sumergirse muy profundo, pero generalmente nadan cerca de la superficie, donde pueden salir a buscar aire.

Las ballenas azules, jorobadas y grises no pueden morder o masticar. Son ballenas **barbadas.** Esto significa que tienen estructuras como peines llamadas barbas en lugar de dientes. La barba son placas de material parecido a las uñas ubicadas en la mandíbula superior de una ballena. Las placas de barba tienen cerdas que actúan como colador.

Para alimentarse, una ballena azul o jorobada engulle una gran bocanada de agua que contiene animales diminutos. Su lengua empuja el agua a través de la barba. Esto filtra miles de criaturas diminutas, incluido el krill, un animal parecido a un camarón, que las ballenas luego tragan. La ballena gris, que se alimenta en el fondo marino, no engulle bocanadas de agua. Absorbe tanto agua como barro, y cuela los pequeños mariscos que viven en el barro.

Las ballenas tienen una cola con aletas anchas que se abren en forma de abanico hacia los costados. Para nadar, fuertes músculos mueven la cola hacia arriba y abajo, lo que empuja a la ballena hacia adelante. La enorme cola ayuda a la ballena a navegar. Los viajes migratorios de la ballena varían, pero las ballenas grises nadan 20,000 kilómetros (12,430 millas) ida y vuelta desde aguas de verano hasta aguas más cálidas en el invierno.

Las ballenas cooperan grupalmente. Se sabe que las ballenas jorobadas trabajan juntas para reunir los peces con los que se alimentan y evadir a los tiburones asesinos.

La barba color crema ayuda a esta ballena a alimentarse de diminutos krill en las aguas del océano.

Las ballenas respiran a través de un espiráculo.

Al contrario de las colas de los peces, las colas de las ballenas se abren en forma de abanico hacia los costados.

Las ballenas hembra dan a luz un ballenato por vez. Los ballenatos continúan creciendo y desarrollándose durante aproximadamente diez años.

Moluscos poco comunes

Los pulpos, como las babosas o los caracoles, son **moluscos** e **invertebrados.** No tienen esqueleto ni espina dorsal. Los pulpos tienen brazos, a veces erróneamente llamados tentáculos. El brazo de un pulpo tiene ventosas a lo largo. Los calamares tienen tanto brazos como tentáculos. Un tentáculo tiene ventosas en el extremo, a veces llamados ganchos o anillos.

Los pulpos viven entre las grietas de las rocas y el coral. Su cuerpo blando les permite deslizarse a través de espacios apretados, lejos de depredadores y en posición de atacar. También pueden cambiar de color y textura para camuflarse.

Las ballenas pueden vivir hasta 80 años o más, pero los pulpos tienen una expectativa de vida mucho más corta. Los pulpos gigantes del Pacífico viven hasta cinco años. El pulpo común, mucho más pequeño, vive entre uno y dos años. Los pulpos macho mueren después de aparearse. Cuando los pulpos hembra desovan, dejan de comer para cuidar a los huevos. Después de que los huevos eclosionan, los pulpos hembra mueren.

El pulpo gigante del Pacífico es la especie de pulpo más grande. Puede ser más grande que un humano. Muchos otros pulpos son tan pequeños que caben en una cuchara. La especie de pulpos común es más o menos intermedia. El promedio de tamaño es de aproximadamente medio metro (1.6 pies).

Los pulpos gigantes del Pacífico se mueven entre aguas poco profundas y profundidades de 1,500 metros (4,921 pies).

Los pulpos comunes a veces reúnen objetos para crear jardines o fortalezas alrededor de su guarida.

Tamaño de los pulpos

autobús
Longitud: aproximadamente 11 metros (36 pies)
Peso: 9.75 toneladas métricas (10.75 toneladas)

pulpo gigante del Pacífico
Longitud: de 3 a 5 metros (de 9.75 a 16 pies)
Peso: de 10 a 50 kilogramos (de 22 a 110 libras)

pulpo común
Longitud: de 30.5 a 91.4 centímetros (de 12 a 36 pulgadas)
Peso: de 3 a 10 kilogramos (de 6.6 a 22 libras)

Muchas especies de pulpos nacen y comienzan su ciclo de vida como larvas diminutas. Nadan a la superficie y comienzan su vida como plancton.

La tinta de un pulpo es una mezcla de fluido oscuro y mucosa. Este pulpo gigante del Pacífico nadaba en aguas cercanas a Columbia Británica, Canadá.

Un pulpo puede cambiar su color o su textura para mimetizarse con su entorno.

Los pulpos: escape y ataque

Los pulpos tienen una cabeza con ojos grandes y una boca en forma de pico. Las ventosas en sus ocho brazos tienen órganos sensoriales, que sienten, huelen y saborean. Un pulpo tiene un aspecto muy poco común, pero podrías bucear justo delante de uno y no verlo. Este maestro del camuflaje puede ocultarse a simple vista. Su piel tiene células que pueden cambiar de color y pueden hacer que el pulpo se mimetice con los colores y los patrones que lo rodean. Músculos especiales en la piel pueden cambiar su textura para mimetizarse con un entorno pedregoso o liso.

Si un depredador divisa a un pulpo, el pulpo dispara una ráfaga de agua de su sifón, o embudo. La fuerza del agua impulsa al pulpo hacia adelante como un motor a chorro. El pulpo oculta su escape rociando tinta negra. Si el escape resulta difícil, el pulpo puede deshacerse de un brazo para mantener al depredador contento mientras se aleja con un chorro de agua. Más tarde, al pulpo le vuelve a crecer el brazo.

El pulpo común y el pulpo gigante del Pacífico habitan aguas marinas moderadamente cálidas. El pulpo gigante del Pacífico puede hallarse en el océano Pacífico cerca de Norteamérica, las islas Aleutianas y Japón.

Al igual que las ballenas, los pulpos son muy inteligentes; son los animales sin espina dorsal más inteligentes. Sus brazos les permiten mostrar su inteligencia de maneras que las ballenas no pueden. Por ejemplo, pueden abrir frascos y resolver laberintos en pruebas de laboratorio.

La diversidad dentro de cada especie de ballena o pulpo hace que estos animales del océano sean aún más interesantes. Los pulpos han heredado características que les permiten actuar rápidamente y reaccionar en su hábitat. Las ballenas se alimentan, emigran y se reproducen, un patrón que han repetido durante muchos años. Los científicos estudian los hábitos de estas dos criaturas sorprendentes y trabajan mucho para proteger sus poblaciones.

manto

ojo

sifón

El pulpo toma el oxígeno del agua que succiona con su manto. Expele el agua a través de su sifón.

Compruébalo   ¿Qué te sorprende de las ballenas y los pulpos?

Lee para descubrir cómo un pulpo escapa de los depredadores del océano.

Guerrera marina

por Hilary Wagner
ilustraciones de Denis Zilber

Murdina se sobresaltó cuando vio a una ballena azul joven que se dirigía hacia ella con la enorme boca abierta para tragar krill. Temblando, se arrojó a las sombras de un coral cercano. Su hermana mayor le había contado que las ballenas azules nunca comían pulpos, pero aun así, Murdina temía que la pudiera atrapar por accidente. ¡Incluso los ballenatos de las ballenas azules eran enormes! Una vez que pasó la ballena, Murdina salió de las sombras arrastrándose y suspiró. Su nombre significaba guerrera marina, pero se sentía más una cobarde marina.

Depredador... ni siquiera le gustaba cómo sonaba la palabra. La asustaba, pero su hermana decía que hay depredadores al acecho por todos lados en las profundidades del océano, y un pulpo debe aprender a cuidarse a sí mismo. Pero todavía no dominaba el arte del camuflaje y el cambio de forma. Estaba segura de que era la peor alumna de su clase. Su maestro le explicó que sus **instintos,** como el camuflaje y el cambio de forma, entrarían en acción cuando más los necesitara. También le dijo que sus talentos se desarrollarían rápidamente después de eso, pero esto no convencía a Murdina. Su hermana dijo que aprendería cuando estuviera preparada, que sus destrezas aparecerían con el tiempo, ¿pero qué sucedería si no aparecían con la rapidez necesaria?

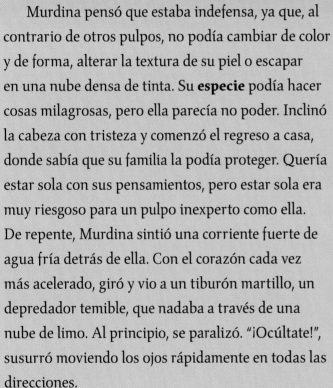

Murdina pensó que estaba indefensa, ya que, al contrario de otros pulpos, no podía cambiar de color y de forma, alterar la textura de su piel o escapar en una nube densa de tinta. Su **especie** podía hacer cosas milagrosas, pero ella parecía no poder. Inclinó la cabeza con tristeza y comenzó el regreso a casa, donde sabía que su familia la podía proteger. Quería estar sola con sus pensamientos, pero estar sola era muy riesgoso para un pulpo inexperto como ella. De repente, Murdina sintió una corriente fuerte de agua fría detrás de ella. Con el corazón cada vez más acelerado, giró y vio a un tiburón martillo, un depredador temible, que nadaba a través de una nube de limo. Al principio, se paralizó. "¡Ocúltate!", susurró moviendo los ojos rápidamente en todas las direcciones.

Murdina divisó una roca grande, se adhirió a ella y envolvió sus brazos uno por uno alrededor de su superficie suave. Nerviosa, fijó la vista en la superficie concentrándose en sus diversos tonos de gris. En segundos, cada brazo marrón perdió su color moreno, y puntos minúsculos de gris y crema brotaron por todo su cuerpo. Observó cómo su forma de pulpo se desvanecía y lo que solía ser su cuerpo ahora era exactamente igual a la roca. El tiburón martillo navegó justo sobre su cabeza, miró con pereza hacia ella y siguió su camino.

—¡Funcionó! —exclamó Murdina mientras observaba cómo se iba nadando el tiburón. Su maestro le había dicho que sus instintos entrarían en acción cuando más los necesitara. Quizá el truco había sido tener tanto miedo que la obligó a actuar. Murdina se dirigió a casa, entusiasmada, a contarle a su hermana que su camuflaje finalmente había funcionado.

Cuando se aproximaba a casa, el mar se oscureció inesperadamente. Murdina miró hacia arriba y vio una enorme embarcación sobre su cabeza. "¡Un barco!", dijo jadeando. Su maestro le había advertido a la clase que permanecieran lejos de los barcos, especialmente de los barcos pesqueros que podían estar cazando pulpos.

Antes de darse cuenta, Murdina se movía
hacia arriba, hacia la superficie, a un ritmo veloz.
Se dio cuenta de que la habían atrapado con
una red y la llevaban directo al barco pesquero.
La red tenía agujeros demasiado pequeños para
que un pulpo adulto escapara, pero quizá podía
contornearse y escapar. Intentó con desesperación
escabullirse por un agujero, pero no tuvo suerte.
Casi inconscientemente impulsó un chorro de agua
a través de su embudo. Su hermana le había dicho
que le daría mucha velocidad cuando la necesitara.
De inmediato, el cuerpo de Murdina rompió el
agujero de la red, lo que la liberó. Nadó muy rápido
alejándose todo lo que pudo del barco.

Murdina se llenó de alegría. Su hermana estaría orgullosa. Después de todo, tenía instintos de pulpo. Giró en círculos, con los ocho brazos ondeando en el agua. Sonreía con satisfacción cuando oyó una voz grave detrás de ella.

—¿Por qué tan contenta, jovencita? —preguntó la voz astuta—. ¿Qué tipo de ocasión alegre celebra un pulpo tan suculento?

Con preocupación, Murdina volteó y se encontró cara a cara con una morena. La morena, con dientes relucientes, enroscó su cuerpo resbaloso en el de ella.

—No temas —dijo—. No quiero hacerte daño. —Una sonrisa aceitosa se dibujó en su cara puntiaguda.

Murdina supo que eso no era verdad. Las morenas eran depredadores de los pulpos, entre otras criaturas. También sabía que las morenas tenían una vista deficiente. Si Murdina hubiera estado prestando mayor atención, habría visto que venía la morena y se habría ido.

—¿Cómo te llamas, jovencita? —preguntó la morena.

—Me llamo... Murdina —respondió lentamente mientras reflexionaba en su mente cómo escapar.

—Bueno, muy bien —ronroneó la morena—, Murdina significa *guerrera marina*. No sabía que estaba en tan prestigiosa compañía. Solo una niña necia estaría sola en las peligrosas profundidades del mar —dijo entre risas la morena.

—No soy una guerrera marina —dijo Murdina—, pero tampoco soy necia.

Al ver una planta marina, a Murdina se le ocurrió una idea. Con toda su fuerza, lanzó un chorro de tinta en la cara de la morena. Se elevó sobre la nube negra de tinta, navegó fuera de la vista y rápidamente se aferró a la base de unas algas rojas enmarañadas. En un abrir y cerrar de ojos, su piel cambió a rojo, el color exacto del alga. Encogió su cuerpo y dobló los brazos para que parecieran las hojas largas y adornadas del alga. La morena nadó en un círculo frenético mientras planeaba sobre ella sin darse cuenta de que Murdina estaba oculta en el alga. —¿Adónde fuiste? —exclamó enfadada.

Enfurecida, la morena finalmente se dio por vencida en su búsqueda y se fue nadando. Murdina miró a su alrededor, consciente ahora de que debía guardar su alegría hasta que estuviera a salvo en casa. Los depredadores estaban en todos lados. Con razón los pulpos habían desarrollado destrezas tan asombrosas. Murdina se mantuvo en guardia y finalmente llegó a su madriguera **marina.** Su hermana mayor la saludó y la observó con curiosidad.

—Algo ha cambiado en ti —le dijo—. Te ves muy segura, como si fueras una gran guerrera que regresa de la batalla.

—Entremos —dijo Murdina mirando a su alrededor en busca de depredadores—. Te contaré todo.

Compruébalo ¿Qué conductas animales salvaron a Murdina de los depredadores del océano?

21

Charlie nada

por Hilary Wagner
ilustraciones de Paule Trudel Bellemare

Charlie se frotó los ojos con cansancio, se levantó de la cama y caminó a la ventana de la habitación del hotel. Miró el océano y vio cómo bailaba por encima y debajo de la línea costera. Había estado esperando este día: su doceavo cumpleaños. Como regalo, su hermano mayor Seth lo llevaba a avistar las ballenas azules. Charlie las había estado estudiando en la escuela, y ahora finalmente iba a ver ballenas azules de verdad, no solo ilustraciones de la **especie** que había visto en libros e Internet. Se sentía aliviado porque Seth había estado de acuerdo. Después de todo, ¿cómo podría ser **biólogo marino** si solo veía las ballenas azules en fotografías?

La ballena azul es la criatura viva más grande de la Tierra, con una expectativa de vida de alrededor de 80 años. Con una expectativa de vida tan larga, Charlie ya se podía imaginar cuántas ballenas azules vivían en las profundidades del mar. Con un peso colosal de 200 toneladas, el tamaño de una ballena azul era sorprendente pero, claro, el mar era tan vasto que quizá incluso la ballena azul se sentía minúscula en él. Abrió suavemente la puerta de vidrio corrediza y salió del patio a la arena a rastras. Las pequeñas partículas de arena se adhirieron a sus pies. El sonido del océano que golpeaba la costa delicadamente era como una canción de cuna rítmica. Le recordaba a su madre cuando le cantaba en su niñez. Se preguntó si a las ballenas jóvenes también les gustaba el sonido.

Mientras Charlie miraba las olas espumosas, un sonido que retumbó desde las profundidades del océano llenó el aire. Sonaba como una tuba, solo que más grave y mucho, mucho más estridente. ¡Era el llamado de la ballena azul! Charlie corrió a toda velocidad hacia el borde del agua, donde las olas apenas le tocaban los dedos de los pies. Sabía que no debía llegar tan lejos por su cuenta, pero algo le dijo que no habría problema. Dio un paso más en el agua y el dobladillo del pantalón de su pijama se humedeció rápidamente. Vio que algo se deslizaba en el agua y la parte superior de su cuerpo redondeado se asomaba a la superficie del agua.

La criatura enorme del agua lo llamaba. —Ven conmigo al agua, Charlie —le dijo con voz de niño—. Nada conmigo... por tu cumpleaños.

Con los ojos bien abiertos, Charlie descubrió que la criatura era una ballena azul. —No puedo ir contigo —le respondió con las manos alrededor de la boca—, me ahogaré.

—Te prometo que te protegeré —dijo la ballena azul.

Antes de que Charlie pudiera responder, sucedió algo extraño. Miró su cuerpo, que ahora estaba completamente bajo el agua. Su cuerpo de humano se había transformado en el de una ballena.

Instintivamente, Charlie se sumergió tras la otra ballena azul, podía sentir el agua fresca que se desplazaba muy rápido por sus aletas y su cola apenas formadas. —¡Espérame! —dijo mientras alcanzaba a la ballena—. ¿Cómo te llamas?

—Me llamo Azul —dijo la ballena, y disminuyó la velocidad.

—¿Adónde vas, Azul? —preguntó Charlie con los ojos bien abiertos ante su nueva amiga.

—Mis padres dicen que es momento de ir al **Domo de Costa Rica** —contestó Azul. —Con un leve giro de la cabeza, Charlie divisó a dos ballenas azules adultas que los seguían a la distancia. —Este es mi primer invierno allí, el agua se mantiene más tibia que cerca de California, y mis hermanos mayores dicen que en esas aguas abunda el krill.

—Sé lo que es el krill —dijo Charlie—, he leído todo al respecto. Es el animal minúsculo con forma de camarón que comen.

Azul bramó de risa. —Bueno, tú también lo comes por ahora, Charlie.

—¿Cómo comen krill sin tener dientes? —preguntó Charlie, que pensaba que era algo problemático.

—Observa y aprende —dijo Azul, y tomó una bocanada de agua y la expulsó de nuevo con gran fuerza. —Tengo una barba. Me ayuda a deshacerme del agua y conserva todo el delicioso krill. Inténtalo.

Charlie se llenó la boca de agua y luego la expulsó de nuevo, y las diminutas cerdas de su boca capturaron miles de krill. Tenían un gusto especialmente salado y un poco a pescado, pero era algo a lo que estaba acostumbrado. En realidad no le gustó, los sándwiches le parecían mejores.

Charlie observó algo gris e irregular junto a los bordes de las aletas gruesas de Azul. —¿Qué son esas pequeñas protuberancias en tus aletas? ¿Son parte de tu piel?

Azul miró las puntas de sus aletas. —Ah, esos son percebes —contestó—. Mis hermanos mayores me contaron que a veces pasean en ballenas y otras criaturas marinas.

—¿Los percebes lastiman? —preguntó Charlie mientras examinaba su aspecto tosco.

—No, y puedo sacármelos de encima cuando me plazca, pero realmente no me molestan.

—¿Qué tan lejos está el Domo? —preguntó Charlie.

—El agua está mucho más tibia que ayer —dijo Azul, —por lo tanto, nuestro viaje debería terminar pronto.

—¿No extrañarás a tus hermanos mayores que están en las aguas de California? —preguntó Charlie y pensó cuánto extrañaría a Seth si no pudiera verlo todo un invierno.

Azul volteó y señaló con su enorme hocico. Charlie se quedó boquiabierto cuando divisó una manada completa de ballenas azules jóvenes que viajaban detrás de los padres de Azul. —¿Vinieron todos contigo? —le preguntó con incredulidad.

—Mis padres dicen que tienen una gran sorpresa para nosotros, así es que este año decidimos viajar al Domo juntos —dijo Azul—, y viajar como manada, o grupo, también nos protege de las orcas (a veces atacan a las ballenas más jóvenes). Papá siempre dice que los grupos brindan seguridad cuando se trata de depredadores.

Era difícil de creer que la criatura más grande del mar pudiera estar amenazada por depredadores de cualquier tipo, pero después de hoy, Charlie supuso que cualquier cosa era posible.

Después de llegar al Domo, Azul y Charlie, ambos terriblemente hambrientos, nadaron en busca de krill. A su regreso, todos los hermanos de Azul se habían reunido alrededor de sus padres. —¿Qué sucede? —preguntó Azul al percibir la emoción. —En unos momentos, un cuerpo azul enorme pasó rápidamente delante de él, emergió a la superficie del agua e inspiró una gran cantidad de aire. Azul navegó detrás de la criatura, junto al resto de su manada.

Cuando llegó a la superficie, Azul se encontró con un ballenato y lo miró seriamente. —Azul —dijo su padre mientras acariciaba al ballenato con su aleta—, esta es tu nueva hermana.

Azul, que ya no era el más pequeño de su familia, acarició con la nariz a su única hermana. Charlie, que extrañaba a su hermano, de repente se sintió muy solo.

Charlie se despertó con la sensación de un empujoncito suave contra su brazo.

—Charlie, es hora de despertarse. —Se sentó en la cama y vio a Seth, que le sonreía con cara de sueño. —Oye, hermanito, es tu cumpleaños, hora de levantarse y ver a las ballenas —dijo Seth, que bebía su café.

"¡Todo pareció tan auténtico!", pensó Charlie, que recordaba cómo se sentía ser una ballena y nadar en las profundidades del océano con Azul y su familia. Por un momento, se sintió triste cuando se dio cuenta de que solo había sido un sueño.

Seth enmarañó el cabello de Charlie.

—Duermes mucho para ser un biólogo marino principiante que tiene tantas ganas de conocer a las ballenas.

Charlie recordó el sueño y sonrió a su hermano.

—Oh, estoy listo para verlas —dijo Charlie, pero sentía que ya las conocía bastante bien.

Compruébalo ¿Qué sorpresa tenían los padres de Azul para él?

Comenta | Comparar y contrastar

1. ¿Qué conexiones puedes hacer entre las tres lecturas de *Mundo acuático*? ¿En qué se relacionan las lecturas?

2. Compara y contrasta los dos cuentos: "Guerrera marina" y "Charlie nada".

3. ¿En qué se parecen y en qué se diferencian los temas de los dos cuentos?

4. ¿Qué información aprendiste sobre el tamaño de las ballenas y los pulpos? Compara los dos animales.

5. ¿Qué preguntas tienes aún sobre la vida animal del océano?